파도보다 오래 흔들리는 중입니다

송현희 시집

『파도보다 오래 흔들리는 중입니다』

서시 11

1부

부표 15

비밀번호 16

조화造花 18

허공의 농도 19

나의 그림자 20

푸른 날 21

밥 짓는 냄새 22

종이비행기 24

고드름 25

배송 지연된 하루 26

팔꿈치의 거리 28

실타래 30

포수의 사정 32

실선 위에서 33

직녀의 궤도는 매년 한 번씩 틀어진다 34

2부

휘핑은 사치였을까 39
기억 40
자명종의 구조救助 42
빨강 44
이항移項 46
기울어진 평행선 48
선인장 49
여름 50
클리오네의 방식 51
구두약 52
말짱 도루묵 54
사랑은 방향을 잃은 중력 56
PT는 Personal Trauma의 약자입니다 58
사과꽃 60
만약에 61

3부

국화 65
사라진 것들의 무게 66
변이 연구 보고서 68
석류 70
자석의 방향은 늘 혼자였다 72
팔이 여덟 개라서 상처도 여덟 개 74
도미노 76
휴대폰 78
포스트잇 80
허수아비 81
절판된 슬픔 82
괄호 안에 넣고 싶은 말 84
드론 쇼 86
이별하는 사람은 그림자가 꼭 필요해요 88
깻잎은 방어적 89

4부

해파리 92

햇빛은 누가 닦아주나요 94

기울기의 법칙 95

철봉 96

물고기와 나 98

로스팅 100

사라지는 것들에 대하여 102

뒷모습 104

12시 00분 105

줄자를 펴면 거기까지가 나예요 106

무궁화꽃이 피었습니다 108

기다림 110

얼음 조각상 111

엔딩 크레딧 이후 112

결 114

서시

수평을 맞추던
고요한 바다도
때때로 울컥거리는 밤이 있어

달의 반창고를 붙여두고
사락사락 꿰매는 것이다

그 마음
더 깊이 상하지 않기를—

송현희

1부

부표

떠 있는 것이 모두 가벼운 건 아니라서

수면 위에 오래 머물면
무거운 생각들이 먼저 뜬다

아래서부터 무너뜨리는 심해의 규율에도
자리를 지키는 일이 존재의 전부인 것처럼

수천 번의 흔들림에도
더는 나아가지 못하는 경계의 지점을 띄우면

외면한 채 흘러간 것들이 선명한 흔적을 남기는 것도
너를 향해 가고 싶다는 마음이
어디까지 허용되는지를 정확히 아는 것도
늘 물 위의 것들

부표를 지나친 목소리는 다시 돌아올 수 없을까

놓치지 않기 위해 잠시 머문 것들이
파도보다 오래 흔들리는 중이다

비밀번호

정기적으로 바꾸라고 권장하지만
한번 설정한 마음은 오래 쓰게 된다

숫자 몇 자리로는 부족해서
헤어질 결심과 돌아올 결심을 섞어 만든 조합
예전엔 잘 눌렀던 감정들이
오류 횟수 초과로 접근이 제한되었다

다시 설정하려면
이메일을 확인하거나
어떤 옛 이름들을 증명해야 하는데
나는 너무 많은 것을 잊었다
답변조차 유효기간을 넘긴 상태로

'힌트: 당신이 가장 사랑한 계절'
뜨끔한 건 늘 그런 질문 앞에서다
봄이었는지 가을이었는지
아니면 그 계절이 누군가였는지

공백을 채우지 못한 손끝만이
허공을 두드리는 사이

잘 지내고 계신가요
그 말 한마디가 인사보다 기도가 되는
멀어진 한 사람의 안부를 생각한다

사랑을 할 때도 알았을까
잊는 일보다
다시 여는 일이 더 힘들다는 걸

조화造花

누가 이토록 정교하게
거짓을 피워올렸을까

생명이 없는 애수에
얼마나 많은 망각이 필요했을까

너는 살아 있음의 모방일 뿐

죽음조차 허락받지 못한 색채여!
살아 있음보다 더 깊은 부재여!

침묵만이 너의 향기가 된다

허공의 농도

물을 넘치게 머금었다
베란다 화초의 마른 흙은 더 이상 삼키지 못하고
목에 걸린 계절을 꿀렁꿀렁 토해낸다

그랬다
어느 순간부터 더는 스며들지 않았고
흘러내리는 쪽에 가까웠다

죽고 싶다는 말을
한 줄의 시로 바꾸지 못해서
자살은 비문학적으로 이루어졌다

삶은 문학이 되기에 너무 길었고
죽음은 시가 되기엔 너무 짧았기 때문에

의미는 자주 과잉이었다

내가 나로 버티는 것을 놓아버리고 싶을 때
내가 나로 흐르는 것을 멈출 수 없을 때

버리려 했던 것들이
끝까지 따라왔다

생각보다 깊었던 내 안의 허공

나의 그림자

어디까지가 나였는지
기억나지 않을 때

몸에서 가장 어두운 쪽을
하루에 조금씩 잘라낸다

햇빛을 향해 나아갈수록
선명해지는 어둠

증명할 수 없는 것들이
그림자의 입술로 스며드는 동안

아무리 멀리 걸어도
발끝에 남아 있는 것

언제나 나였다

푸른 날

부서진 파편이 빛을 기억하듯
저마다의 균열은 제 안의 푸름을 잊지 않았다

겨울의 단단한 얼음 아래서도
뿌리는 담담히 푸른 기척의 선을 당기고 있었고

바람이 잎맥을 찢어가던 날에도
줄기는 저도 모르게 떨며 숨을 고르고 있었다

꺾인 가지 사이로 스며든 빛이
흙 속 깊은 싹을 깨우는 시간

속살 깊은 곳에서는
아직 발설되지 않은 초록의 문장이
한 줄 한 줄 써지고 있었다

홀로 버틴 날들마저
선명한 계절을 향한 맹세가 되었으니
살아있는 한
푸른 날은 새록새록 다시 찾아왔었다

밥 짓는 냄새

밥 짓는 냄새 말입니다
벌써 어딘가에서
그 사람 돌아오고 있다는 뜻이지요

누군가를 향한 마음이 한 생을 다 써도
말이 되지 못할 때
쌀을 씻는 일부터 시작합니다
쓰르륵쓰르륵
묵은 하루가 물 위로 떠오를 때까지

손끝에 닿는 쌀알들의 무게가 고르다 싶으면
끝내 바닥에 닿지 못하고
부유하는 쪽이 더 오래 견디는 일이 되었다 싶으면
물을 맞춰 솥에 올려둡니다

보글보글
물이 끓고
김이 올라오면
집 안 공기가
조금씩 달큼해지기 시작합니다

부엌을 돌아
현관 앞 신발장까지 닿으면
온 집안에 가득한 복닥거림

설마
밥 짓는 냄새가 아니라
기다림이라면

어쩌면
우리
아직 말해지지 않은 용서가 남아 있기 때문입니다

종이비행기

날아오르는 순간이 전부일 수는 없잖아요
멀리 날 수 있을 거라 믿었죠

너무 가볍다는 건
멀리 가기 어렵다는 뜻이었을까요
조금만 흔들려도
방향을 잃고 고꾸라지고 말거든요

가장 멀리 날았던 날도 떨어지는 중이었을까요
어쩌면
나는 처음부터 추락을 알고 있었는지도 몰라요
너무 이른 속도로
멈추는 일에 익숙해졌거든요

한 번쯤 나를 펼쳐서 읽어주세요

하늘은 푸른데
바닥에 작은 활주로를 그려둡니다

얼마나 오래 꿈꾸어야
멀리멀리 날아갈 수 있을까요

고드름

밤새 차가운 숨결 삼키며
길게 뽑아낸 몸

햇살에 베이면서도
손을 놓지 않더니

끝마다 맺힌 방울은
봄을 예고하는 투명한 기록이 된다

붙들고 산다는 건
한순간도 마음을 놓지 않는 일

배송 지연된 하루

오늘도 택배는 도착하지 않았습니다

배송 조회 창에 떠 있는 '배송 지연'
이 문장은 의외로 온기가 없어서
"고객님의 양해 부탁드립니다"는
가장 무책임한 존댓말입니다

물류센터를 출발한 박스는
목적지를 잃어버린 위성처럼
고속도로 어딘가를 떠돌고 있을 겁니다
혹은 고장 난 냉장 컨테이너 속에서
하나둘 맥박을 잃는 중일지도

늦더라도 기다려보는 이유요?

박스 안엔 열두 알 달걀과 깨지기 쉬운 그릇 하나
그리고 내가 며칠째 기다리고 있던
어느 날이 들어 있거든요

마트에서 충동적으로 산 것도
간편결제를 통해 쉽게 도달할 수 있는 것도 아닌

오래전부터 나를 향해 천천히 이동 중이던 하루였어요
건네지 못한 안부가 있었고
미뤄둔 울음 하나가 묻혀 있었고
산세베리아는 물을 잃은 채 잎을 반쯤 말아쥐고 있었던

이따금 그런 하루는 포장되지 못한 채
박스 바깥으로 흘러나와
이른 새벽,
문틈 아래로 가느다란 한숨을 밀어 넣곤 합니다

세상엔 아직 도착하지 않은 하루들이 있어
그중 몇몇은 영영 길을 잃기도 하지만
어떤 날은 오래 헤매다 문 앞을 찾아오기도 하죠

설마, 아직 문 앞에 닿지 못한 감당할 무게라면
아니, 아직 열리지 않은 설렘이라면
그래서 말인데요
아직 도착하지 않아서 참 다행입니다

팔꿈치의 거리

팔꿈치를 테이블 끝에 걸친 채
사람들과의 거리를 가늠했다

말보다 먼저 부딪히는 건
팔꿈치였고
불편하다는 신호는 대개
작은 뼈마디에서 시작됐다

옆 사람과 가까워질수록
팔꿈치는 점점 자리를 잃었고
어느 순간부터
자꾸 팔을 끌어안게 되었다

서로의 팔꿈치가
맞닿지 않으려 애쓰는 식당에서
적당한 거리를 배운다
너무 가까우면 흘러내리고
너무 멀면 식어버리는 온기

팔꿈치 하나로 기대어 있던 마음이
어쩌면 가장 먼저 지친 부위였겠구나

접히고
눌리고
때로는 말 대신 내밀었을

팔꿈치가 시릴 때면
누군가와 너무 가까웠거나
너무 멀었구나
생각한다

마주 앉을 때도
무의식적으로 팔을 움츠리게 되는 이유일까

실타래

한 몸이 이렇게 길 수 있다는 건
누구도 믿지 못합니다
말일까요? 기다림일까요?

실타래는 안쪽에 중심이 없습니다
가장 안쪽은 시작이 아니라
오래 감겨 있던 자리라서
풀리는 순간 늘 외곽부터 벗겨집니다

하나의 실은 한 방향만으로 말릴 수 있습니다
그러나 풀리는 일은 종종 엉킴을 동반합니다
한 겹이 지나간 자리마다
손이 닿았던 체온이 남아 있습니다
그건 대화였을까요?

색이 있는 실일수록 단정한 문장이 적습니다
말이 길어질수록 사이사이 마디가 생깁니다
꼬임이 아니었다면 이야기도 아니었을 건데
실타래는 자주 자신의 입을 잃어버립니다
끝이 어딘지 몰라 계속 잡아당기다 보면
이름보다 먼저 고리가 생깁니다

그 고리에 마음을 걸었다면 누군가는 매듭이 되었겠지요

실타래는 돌아가는 걸 좋아합니다
돌아간다는 건
잊지 못한 것들을 다시 만나는 일이지만
풀린 실은 다시는 자신을 스스로 감을 수 없습니다
그래서 누구나 조금은 흐트러진 채 남겨집니다

풀릴수록 가벼워지지만
남는 건 묶이지 않은 마음의 방향이라면
실타래는 돌아가는 중일까요? 아니면 풀리는 중일까요?
그걸 묻는 사람은
대체로 혼자 있는 경우가 많지만

실이 길다는 건
다시 만날 가능성이라는 뜻입니다
한 땀의 간격이
언제든
말의 온도를 되돌릴 수 있으니까요

포수의 사정

당신의 말은 언제나
사인 없이 날아온 공 같아
받아내는 건 내 몫이었다

당신은 늘
낯선 규칙을 따르는 투수 같았고
나는 어제와 오늘 사이에서
끝없이 손짓을 바꾸었지

우리는 한 번도
같은 타석에 서본 적 없이
수비만 하다가 물먹은 글러브처럼 무거워졌고
나는 종종 틈을 내주는 포수가 되었다

비가 올 듯 망설이는 하늘이었을까
세 번째 아웃 콜이 퍼져나갈 때
흔들린 글러브 속을 더듬던 사이
당신은 이미 마운드를 벗어나 있었다

이별은 언제나
홈에서 벌어지는 일 같아
아웃이 선언되기 전엔 아무도 움직이지 않지만
누군가는 몸을 던져 미끄러져야 끝나는 일

실선 위에서

누가 내 마음에 반 접힌 선을 그어놓았을까요
점선도 아니고 실선이어서
매번 또렷하게 접히고 말아요

선을 따라 잘라내야겠어요
결정은 두 개의 생각을 가르는 일

우유를 마실지 커피를 마실지 고민하다
아침이 다 식었고
기차는 벌써 두 정거장쯤 떠나버렸어요

나는 한쪽이 부드럽고
다른 한쪽이 예리한 사람이라
어느 쪽으로 자를까 매번 망설이죠

끝에서 끝으로 자르면 어디든 도달할 수 있고
가운데에서 자르면 한 번도 가본 적 없는 곳이 나를 부를 거예요

누가 내 마음에 잘라야 할 선을 그어놓았을까요
아니, 애초에 접지도 말아야 했는데

직녀의 궤도는 매년 한 번씩 틀어진다

한 해에 한 번 은하수를 건너는 일이 사랑이라면
사랑은 궤도라기보다 지연된 충돌이다

같은 곡률을 그린 적이 없었던 직녀의 궤도

한 번도 완벽히 마주 본 적 없었지
은하수를 사이에 두고 우리는
언제나 조금씩 비껴서 도착했으니까

견우는 계절을 건너
강의 속도를 줄였지만 직녀는
해마다 서로 다른 행성의 하루만큼 틀고 있었다

우리는 거의 도달한 상태로 이별했다

천문학자들은 그것을 '접근'이라 불렀고
시인들은 '기적'의 날짜로 기억했지만
같은 언어를 쓰지 않는 궤도들의 짧은 오해였기를

충돌하지 않기 위해
매년 서로를 잃기로 한 우리의 약속이었어

우리가 동시에 도달했더라면
사랑은 더 빨리 죽었을까
아니면
더 천천히 빛을 잃었을까

나는 너보다 한 걸음 느리게 회전하고 있다
그것이 내가 택한
유일한 영겁!

2부

휘핑은 사치였을까

부드럽게 덮인 것들은
완벽하게 혀끝만 스치고 사라지는데
문드러질 거품이어도
한 번쯤 얹어볼까
잠깐의 망설임은 생애처럼 길었다

갈증과 피로 사이에서
가볍게 떠오르는 것들
넘치도록 친절했지만
허기지게 만드는 짐짓 부풀려진 장식
잠깐의 위안은 언제라도
사라질 시간을 먼저 품고 있었다

휘핑을 뺄 걸

입술에 닿기도 전에
녹아내리는 하루 속에서

휘핑은 사치였을까
아니면
내가 감당 못한 위로였을까

기억

벽의 낙서가 사라지면
남는 건 흠집일까
공백일까

물에서 소금이 사라지면 눈물은 맹해지고
눈에서 빛이 사라지면 그림자는
방향을 잃는다

시간이 사라지면 감춰져 있던 윤곽이
고스란히 떠오르고
침묵이 사라지면
가려졌던 진실이 맨살로 드러난다

너무 멀어지면 기억은 제 모양을 잃은 뒤
되감지 않은 필름처럼
멈춰 선 지점을 모른 채 흐르고
낯선 얼굴을 하고 다시 나타나는 것
혹은
잊힌 줄 알았던 길 위에
우리가 다시 서게 되는 것

늦었지만
다시 걸어볼 일이다
사라졌다고 믿었던 그 길

자명종의 구조救助

하루의 맑음을 증명하려
잠들지 않는 작은 심장을 아시나요

깊이 잠들어버리지 않도록 경계를 붙잡고
어둠 밖 기류의 방향이 바뀌는 순간을 기다리죠
기침은 멀리서 울리고
뒤척임은 이따금 리듬을 어기며
충전된 불빛 하나가 방 안의 고요를 겨우 짚어가며

삐삐삐삐 삐삐삐삐…
울림은 닿았지만
어디에서도 대답은 돌아오지 않았답니다

스누즈 버튼은 사랑과 유사한 방식으로 눌리죠
적당히 멀어지도록
그러나 완전히 사라지지 않도록

새벽이든 아침이든
수면 아래 잠긴 몸을 흔들거나 어루만지며
하루의 입구로 데려오지만
자명종의 구조는 자주 실패합니다

다시 울릴 때마다
조금씩 자신이 쓸모 없어지는 걸 느끼며
어떤 날은
아예 울리지 않는 날도 있어요
전원이 꺼졌거나
알람 설정이 어제였거나
울어야 할 이유를 잊었거나

자명종은 전날의
결심이 끊기지 않도록 조여두고
다시 깨어날 시간을 준비해요

잠에서 밀려난 꿈들이
방 안 구석에 부딪혀 흩어지는 시간
하루에 한 번 반드시 견뎌내는 외롭고도 정확한 울음으로

빨강

토마토를 자르면
침묵할 수 없어
붉은 장기가 밀려 나와요

과육 사이로 번지는 점성 높은 절규

양손에 피를 묻힌 채
싱크대 너머로 저녁을 바라봅니다
창틀에 기대선 고요한 햇살이
손끝부터 나를 지워가면서
물소리와 함께 사라지는 건
토마토의 살점인가요
흉터의 막막한 단면인가요

라디오에선
여섯 번째 도시가 불에 잠겼으니
모든 창문을 닫고
숨을 죽이라고 외칩니다
타오르는 건 도시일까요
나의 심장일까요

빨간불이 켜진 길 위에서
나는 멈추지 못하고
자꾸만 불 안으로 걸어 들어가고 있어요

더는 흐르지 못하고
더는 넘치지 못하고
금방이라도 폭발할 것 같은 붉음

손끝을 들여다봅니다
말라붙은 토마토 씨 몇 알이
심장처럼
아직 뜨겁게 뛰고 있습니다
붉음은 늘 살아 있으려는 몸부림이었을까요

이항移項

모든 말에는 중심이 있다
주어가 먼저 오고 목적어는 다음이지만
나는 늘 목적어에서 시작했다
너를, 너를, 너를 먼저 말하고 나서야 나를 꺼내곤 했다

나는
주어로 존재하지 못하는 문장이어서
이항이 필요했다
반드시 건너가야 할 어떤 부호
너와 나 사이를 구분 짓는 콤마와 접속사들
그 틈에 놓여 흔들리는 조사를 사랑이라고 불렀다

나를 좌변에 밀어두고
너를 우변으로 보낸다
그렇게 나누고 나서야 관계는 성립된다
이쪽은 기억이고 저쪽은 잊음이다
이쪽은 침묵이고 저쪽은 오해다
이쪽은 울지 못한 밤이고 저쪽은 울었다고 착각한 새벽이다

모든 분류는 이항적이다
그래야만 이해할 수 있지만
이해하고 나면
둘 다 틀렸다는 걸 알게 된다

관계는 늘
쌍으로 조립되었다가
한쪽이 먼저 부서졌다
우리는 짝을 지어 놓고 나서야
그중 하나를 지운다

지워진 줄 옆에 서성이는 부호 하나
커서만 깜빡이는 문장의 틈
발화되지 않은 너의 위치 정보

나는 이제 두 항 사이의 공백으로 남아
계속해서 나를 나누는 중이다

기울어진 평행선

어느 날 문득
나는 평행선이었다
만날 수 없다는 선언을 품은 채
끝도 없는 거리를 복사하고 있었다

그림자가 교차할 때마다
닿음이라 믿었던 건
빛이 만든 착각이었을 뿐
나란한 고독이 생겨나
너는 내 옆에서 나를 잊었다

무한이란 끝나지 않는 오해
끝내 도달할 수 없는 좌표
옆에 있지만 절대 곁이 아닌 것

나는 기울어진 평행선이었다
가까워질수록 쉬지 않고 멀어지는

그래서 나는
기다림이 되었다

선인장

물을 삼킨 다짐은
아침마다 뾰족해졌다

가시가 돋기 시작하고
누구도 다가올 수 없는 몸이 되어

오래 말이 없었고
가끔은 자신을 찔러
제 안의 투명한 것을 확인했다

버틴다는 건
마르지 않으려
조금씩 안쪽을 찌르는 일

가장 깊은 곳에
아직도 가시가 자라고 있었다

한 줄기 그늘도 없이 지근지근 자신을 찌르면서

여름

여름은 늘어나는 계절이죠
고무 밴드처럼 꽉 묶었다가도 슬며시 풀어버려서
햇살도 치즈처럼 늘어나더라고요

놀이터에서 튕기던 공처럼
아이들은 제자리로 돌아오는 법을 잊고
계속 튀어 오르기만 해요
발끝까지 스며든 습기 탓에
샌들의 끈도 오래된 마음을 고정하지 못해요

저녁이 와도 달궈진 공기는 식지 않고
작은 움직임에도 땀을 길러냅니다
숨을 고르며 서 있는 것조차
하루를 견뎌낸 흔적이 될까요

그늘도 한 뼘 더 길어져
돌아오는 길목을 놓치곤 하지만

늘어난 만큼 다시 살아보라고
복원력을 시험해 보는 계절
당신, 지금 괜찮은가요

클리오네의 방식

천사의 날개를 펄럭이며 부유하는 중이에요

온도를 재고 결을 더듬고 당신의 표면을 훑어요

텅 빈 듯 보이지만
가장 깊은 곳에 단 하나의 이빨을 감춰두었어요

누가 나를 사랑스럽다고 말하면
나는 더 천천히 떠올라요
멀리서 보면 무해하게 보이는 것이
가장 가까이서 벼리는 칼이거든요

사랑은 날개로 접근해
이빨로 흔적을 지우는 일

나는 투명한 부드러움으로
당신의 가장 얇은 신경을 노리고 있어요

구두약

밤새 기운 신발에 윤리를 덧칠한다

닳아빠진 굴곡 위에 덮인
검고 반들반들한 시작의 불문율

길을 걸은 자의 흔적은
때로 너무 생생해서 지워야만 한다

광을 내는 순간 모조리 봉인되는
진창을 지난 발끝
먼지에
돌에
술에
사랑에 젖은 흔적

네가 어디를 지나왔든
오늘은 그저 반듯하게만 걷자고

까끌까끌한 진실보다
미끄러질 듯 반짝이는 거짓이 더 필요한 날도 있어

아침마다
발끝에 유리처럼 날 선 체면을 바르고
거리로 나서는 사람들

닳아버릴 걸 알면서도
다시 광을 낸다

삶은
낡아가는 것들의
겉을 문지르는 일이니까

말짱 도루묵

오래 우려도 풀어지지 않는 것들이 있다

애를 태우는 동안
살은 너의 결심처럼 흐물거렸고
알은 나의 울음처럼 부풀어 터졌고
남은 건 비린내뿐
끓일수록 비려지는 화해가
거품처럼 올라온다

밑간도 없는 슬픔처럼
스며들 자리조차 없던 마음인 것을

이쯤에서
무엇을 더 보태야 했을까
먼 데로 흩어져 간 것들을
다시 불러올 수는 있을까

아니면 애초에
다 식어버린 관계였던 걸까

결국엔 말짱 도루묵이지만

나는 아직
불을 끄지 못하고 있다

사랑은 방향을 잃은 중력

사랑은 원래 중심을 향해 떨어지는 약속이었다
하지만 어느 날부터인가
방향을 잃었다

더는 너를 향하지도
나를 붙들지도 못한 채
공중에서 서성이는 흔들림
어느 쪽으로 끌려가야 할지 모른 채
자기 궤도를 스스로 계산하는
초소형 행성처럼 미세하게 떨리는 진심

중력은 본래 서로를 붙잡기 위해 존재했지만
닿으려는 마음과 도망치려는 몸 사이에서
방향을 잃었다

어떤 날은 너무 가까워졌고
어떤 날은 너무 멀어졌다
끌림과 밀침의 반복 속에서
사랑은 정지하지 못했다
모든 좌표가 사라진 채
회전만 하면서

사랑은 무게가 아니라 방향이라는 걸
붙잡는 힘이 아니라
떠도는 각도를 조절하는 일이라는 걸
너무 늦게 이야기하는 우리들

여전히 서로에게서 떨어지지 못한 채
돌고 또 도는 이유일까
무중력 상태의 위성처럼
중심을 잃은 마음들이
서로의 주위를 맴도는 것

그게 지금 우리가 부르는 사랑일까

PT는 Personal Trauma의 약자입니다

처음 오셨나요?
상담실은 이쪽입니다
언제 마지막에 제대로 울어보셨죠?

팔꿈치 각도에서 분노가 굳어 있고
햄스트링 쪽엔 회피성 기억이 좀 눌려있네요
광배근에는 의존성 잔여물이 남아 있습니다

오늘은 '이별 루틴 3세트' 들어갈게요
1세트는 울분 밀어내기
2세트는 거절 후 스트레칭
3세트는 자기혐오 플랭크로 마무리

옆 사람은 복부에 미련을 붙들고
그 옆 사람은 삼두근에 부정 기억을 이식 중입니다
혼자라고 느끼실 틈 없어요
모두 상처의 방식으로 조각 중이니까요

참, 마음이 떨리시면 셀프 계량 저울 옆에
공황용 아령 있습니다
1kg부터 시작해 보세요

(※ 무게보다 리듬이 중요합니다)

거울 속 당신이 너무 커 보여도 괜찮아요
그건 내면이 아니라 압축된 과거입니다
핏줄처럼 떠오르는 후회는
곧 땀으로 배출됩니다

이제 냉장고에서 '억울함 보충제' 한 모금 하시고
마음속 무게는 탈의실에 두고 가시면 됩니다

근육통은 내일쯤
회복은 생각보다 늦게
하지만 분명히 찾아옵니다

사과꽃

한밤에 깨어난 나무 끝에서
희미한 손바닥들이 뒤척인다

숨죽인 바람을 더듬어
제 몸보다 먼저 피어나는 것들

떨리는 흰빛을 모으다가
마침내
사과 한 알의 기억으로 여문다

만약에

아직 오지 않은 계절도
너와 함께 걸을 수 있다면 선물일까

잊어버린 이름조차
불러줄 이가 있다면 귀향일까

가장 어두운 밤에도
창가에 불빛이 남아 있다면 기도일까

돌이킬 수 없는 선택을
다시 고쳐 쓸 수 있다면 용서일까

흩어져 간 시간들이
하나의 강물로 이어진다면 운명일까

닿을 수 없는 거리조차
끝내 닿으려는 마음이라면 사랑일까

3부

국화

노랗던 얼굴이 조금씩 시들어 갔다
바람에 빛을 갚듯 빛을 잃어가고
오래된 편지처럼 윤곽은 갈라졌다

겨울빛은 잔혹하게 정직해서
남은 온기조차 걷어내며
볼을 따라 내려오던 결을 하나씩 무너뜨렸다

푸석해져 가는 얼굴은
계절을 붙잡지도 못하고
움푹 팬 어둠만이 남아서

그곳이
한때 꽃이 피었던 자리라는 사실은
아무도 기억하지 못하는 풍경처럼 남아 있었다

사라진 것들의 무게

빛이 무게를 가졌다면
어느 날은 무거워서 창문을 뚫고 들어오지 못했을 것이다
침대 끝에서 멈칫하다가 스르륵 밀려 나가는 정오
어떤 날은 벽에 기대다 꺼져버리는 저녁

빛은 사실
시간을 짊어지고 이동하는 운반자일지도 모른다
해가 질 때마다 등을 구부리고
하루의 무게만큼 어깨가 내려앉는 걸 보면

빛이 너무 무거워 놓쳐버린 일부가
만약 그림자라면
하루의 끝자락에서 늘어지는 하품과 같은

무게를 알 수 없는 것은
어떻게 재어야 할까

빛은 어둠 속에서만 제 무게를 드러낸다
방금 누군가 사라진 방에 남아 있는 온도처럼
기억은 가벼워지는 법이 없고

빛은 기억과 가장 닮은 속도로 우리를 통과한다

무게란
지나간 것들의 밀도일지 모른다
남지 않는 것들이 가장 무겁다

변이 연구 보고서

출근길에는 조금씩 달라진 얼굴을 본다
어제보다 입꼬리가 짧아졌거나 속눈썹 아래에
낯선 미소가 걸쳐 있거나

어깨와 어깨가 비틀리는 사이
버스 손잡이에는
어제 남겨진 불안이 붙어 있고
문구점 계산대에서 건네받은 거스름돈에는
마르지 않은 설움이 남아 있다

사거리를 지날 무렵
나는 이마에서 익숙한 주근깨 하나를 떼어낸다
오늘 아침 우유를 건넸던
편의점 점장의 것이었을지도 모르는

매일 새롭게 퇴적되는 경이로움
정류장에 앉아 있는 노인은 어떤 아이의 피부를 두르고 있고
나는 지하철 손잡이에 묻은 멜로디 한 조각을 먹고 있다

밤이 되면 낯선 콧등으로 눈이 내리고
발목 근처에서 불이 피어오르지만
창밖의 계절은 여전히 완성되지 않은 채
유리창을 두드린다

부디,
애써 버리지 않은 흔적 하나
아직은 나의 것으로 어딘가에 남아있기를

석류

1.
석류를 반쯤 깠습니다
껍질이 마른 채로 팽팽했기에
숨이 새지 않도록 조용히 틈을 벌렸습니다
속이 터지기라도 할까 봐
한 알 한 알 손끝으로 꺼냈습니다
처음 울음을 삼키던 날도 그랬을까요
뺨에서 떨어진 슬픔이 바닥에 닿기도 전에
숨을 꾹 삼켰습니다

2.
석류 속엔 수많은 입이 있었습니다
각자 다르게 삼켜진 말들의 궤적
기억은 대체로 밝은 쪽에 머물지만
가장 붉은 건 늘 어두운 편에서 나옵니다
유리창에 비친 얼굴을 보며
당신은 웃고 있었지만
웃음은 껍질 바깥의 일이었습니다
한입 물고 나서야
단맛은 오래 앓은 입속에서 나온다는 걸 알았습니다

3.

석류를 깬 건 비밀을 나누기 위해서였습니다
이야기를 꺼낸다기보다 안쪽을 보여주기 위해서
붉은 알맹이 하나에 당신을 담듯이
꺼내지 않고도 전해지는 것들을 조심스레 건넸습니다
당신이 아무 말도 하지 않았다는 게
오히려 모든 걸 말해주는 오후였습니다

4.

석류를 다 비운 뒤
손가락 사이가 붉게 물들었습니다
닦아도 잘 지워지지 않는 슬픔
다 먹은 뒤에야 무게를 알게 되는 과일
비운 다음에도 사라지지 않는 온도
돌아서며 당신이 남긴 한마디
"그건 원래 상처가 아니라 속살이었을지도 몰라"
문이 닫히고 나서야
나는 그 말을 깨물었습니다

자석의 방향은 늘 혼자였다

가끔 극이 뭐냐고 묻습니다

당신은 북이에요
나는 남이니까
우리 사이엔 끌림이 있어야 한다고
여기까지 끌려온 거라고

그런데 당신은 나랑 같은 방향을 보고 있다며
자꾸만 나를 밀어냅니다
나는 그게 뭔지 몰라 같은 색깔이라는 게 뭐냐고
묻는 중입니다

자석의 마음을 모르겠어요
붙잡고 싶은 쪽만 당기는 건지
붙을 수 없는 쪽만 기억하는 건지
왜 늘 한쪽은 쓸쓸한 극이 되는 건지

아무리 당겨도
결국 멀어질 것들
끌림도 멀어짐도
우리의 선택이 아닐 수밖에요

그럴수록 나는 사람들과 섞이기보다
자꾸 끌어당기는 물성으로 굳어갑니다

나는 지금도 누군가에게 붙으려다 밀리고
다시 붙으려다
이젠 손톱만큼도 남지 않은 극을 감추고 있습니다

"당신 쪽은 북이니까 난 반대로 서볼게요"

서로에게 기울지 않기 위해
우리는 점점 더 정확하게 엇갈렸습니다

팔이 여덟 개라서 상처도 여덟 개

한 번도 제 몸을 온전히 감싸안은 적이 없다

너무 많은 팔이
너무 다른 방향으로
저마다의 시간을 쥐고 있었기 때문이다

하나는
놓치지 않으려는 손
또 하나는
이미 떠난 걸 모르는 손
다른 하나는
미안하다고 말하려다 접힌 손

팔이 여덟 개라서 상처도 여덟 개였고
날마다 다른 상처와 악수했다

자신을 끌어안으려 할수록
점점 더 미끄러져
문어는 늘
제 몸에서 멀어졌다

어느 날 문어는 팔 하나를 잘랐다
그건
잊겠다는 뜻도
용서라는 말도 아니었다

너무 많이 붙잡은 슬픔은
제 몸이 먼저 놓아주는가

그래서 문어는
잊는 대신
재생을 택했다

도미노

우린 서로 등을 맞대고 기대는 법부터 배웠죠

말은 한 번도 건넨 적 없지만
눈을 깜빡이는 순서로 안심을 건넸고

가볍게
딱 하나를 건드렸을 뿐인데

먼저 쓰러진 건
가장 마지막 줄에 선 친구였어요

자리가 바뀌어도
결말은 같았고

가끔은 멈춰 서 있는
하나가 있었지만

그를 응시하는 수십 개의 눈빛이
조용히 재촉했죠

예정된 움직임 안에서만

우린 아름다웠고

불안정한 우아함을
의무처럼 지녔고

도미노는 쓰러져야 완성되는 게임이라네요

기댄다는 건 언제나
넘어진다는 말과 뒷면을 맞댄다는 것

그래서 우리는 지금도
다음 순서를 기다리고 있어요
아무도 먼저 움직이지 않으려고

서로 쓰러지지 않기 위해
서로 쓰러질 준비만 하고 있죠

휴대폰

손에 쥔 것이
나보다 더 많은 사실을 알고 있어서 가끔 나를 폭로한다

숨겨둔 이별과 지워진 거짓까지
이 작은 사각형 안에는
내가 남긴 거의 모든 것들이 저장되어서

알림은 명령이 되고
진동은 호출이 되어
나를 사용하는 방식이 된다

어느 버튼을 누르면 잠시 꺼질 수도 있을까

태초부터 수신자로 태어나
한 번도 완전히 끊어진 적이 없었다
쉴 틈 없이 켜지고
꺼짐조차 허락되지 않는 불빛처럼
불안은 꺼지지 않고
배터리가 닳아도
침묵이라는 건 좀처럼 허락되지 않았다

얼굴 없는 이름들
이름조차 잃은 얼굴들
목소리 없는 통화 기록

가장 가까운 거리에 있지만
그 안의 누구와 제대로 만난 적 없으면서

나는 점점
화면 속으로만 존재하게 된다
읽히고
스크롤 되며 주머니에 넣어둔 감옥에서

가끔은
진동 하나에도 심장이 찌릿찌릿 울리는 이유일까

포스트잇

붙이는 일에는 가벼운 결심이 필요했다

중요한 건 꼭 적지 않았고
중요하지 않은 건 굳이 떼지 않았다
노랑은 경고, 분홍은 애정, 파랑은 포기
무언가를 쓰기엔 너무 늦었고
지우기엔 너무 선명한 회색

붙잡을 수 없는 말일수록 더 잘 붙는 법이지
나는 한 장씩
너를 반복해 붙였다
색들이 서로를 덮고
글자들이 서로를 지우는 동안
말보다 질감만 남은 흔적들

벽이 포화 상태에 다다른 날 알았지
가장 오래 버틴 것은
한 번도 읽지 않은 메모들이란 걸

허수아비

흩날리던 낡은 헝겊이었을 거야
아니, 길가에 버려진 나무 막대의
무심한 그림자였을 거야

두 팔은 영영 내리지 못한 채
들판의 심장처럼 묶여서

철마다 바람의 맥박을 빌려 뛰었다

누군가 등을 두드려 주길 기다리다
아무도 오지 않는 저녁
바람만이 훑고 지나가면
몸 전체가 울컥울컥 흔들린다

까마귀의 검은 발자국이 어깨에 찍히고
달빛이 허공에 못질하듯
그림자를 붙들어 두면

오늘도 풍경의 일부로 서 있는 유일한 고독

절판된 슬픔

페투치네가 꼬이는 날씨야
비가 오래도록 불어서 그런가

전기포트가 끓는 동안이니 한 움큼은 울 수 있지
어항 속 금붕어가 기침하더니
식탁을 벗어나 커튼을 물었다
그건 이별 때문이라고 말하면 무사할지도 모르겠어
빗방울이 굴러다니는 접시에
토마토소스를 올려놓고
남은 사랑을 어디에 둘지 몰라 코인을 샀다
거북이 등껍질에 세계지도를 새기듯
반쯤 벗겨진 사과 위에 바다를 그렸다
그 위로 구름이 건너가며
자꾸 내 잔액을 묻는다

세탁기 안에 던져둔 손수건은
젖은 채로 단단히 뭉쳐 있었고
선풍기 커버 위엔
아직도 지난여름이 엎드려 자고 있는 동안
전깃줄 위의 까치가 자리를 바꾸지 않았고
고양이는 젖은 발로 이불 위를 걸었고

골목에서 자전거 브레이크가 길게 울었고
베를린의 건널목에선 신호등이
고장 난 채로 깜빡였다

이스탄불의 시장에서는 포도 한 송이가 굴러
양탄자 사이로 사라졌고
비가 오는
상하이의 강 위에서 배가 제자리만 돌고 있을 때
뉴욕의 지하철 벽에 붙은 포스터가
젖은 종이처럼 내려앉고 있었다

간단한 점심을 준비했을 뿐인데
이 모든 것들이
절판된 슬픔의 증거라니

괄호 안에 넣고 싶은 말

나는 늘 괄호를 먼저 생각했다 말하고 싶지 않은 말이 아니라 말해도 괜찮지 않은 말들을 조용히 넣어두는 방식 괄호는 설명이 아니라 포기처럼 보일 때가 많고 덧붙임이 아니라 숨김일 때가 많고 때로는 진심을 눈에 띄지 않게 옮기는 방식이 되곤 했다 나는 괄호 속에 여러 말을 넣었다 (그땐 아팠어) (나는 조금 무너졌어) (지금도 사실 잘 모르겠어) (괜찮다는 말은 그냥 인사야) (울지는 않았는데 계속 울고 있는 기분이었어) (도망친 게 아니야, 숨은 거야) (왜 자꾸 혼자 있는지 나도 몰라) (그때 아무 말도 하지 않은 건 말이 없어서가 아니라 말이 너무 많아서였어) (좋아한다는 말 대신 그냥 미안하다고 했어) (이런 말은 어디에도 어울리지 않으니까) 괄호는 문장 바깥에서 조용히 말하고 있었고 나는 괄호를 열고 닫는 일에 익숙해졌고 사람들은 괄호 안에 있는 말은 대체로 읽지 않았고 괄호를 포함해 읽는 사람이 드물었고 어떤 문장에는 괄호만 남기도 했다 괄호 안의 말만 기억하는 사람도 없었다 그러니까 나는 항상 말을 괄호 안에 넣는 습관이 생겼고 점점 문장의 주어가 사라지고 목적어도 흐려지고 동사조차 없어지고 괄호만 남는 문장을 자주 썼고 결국은 괄호 안의 말이 나를 대신하게 되었고 어떤 날은 내 마음 전체가 하나의 괄호처럼 느껴지기도 했고 그래서 누군가가 내 말을 듣지 못했을 때 나는 괄호를 더 작게 접었다 점점 더 작게, 거의 보이지 않을 만큼

그리고 끝내
아무도 읽지 못한 말이 가장 나다웠다

드론 쇼

빛의 질서가 완성되면
자유는 가장 아름다운 형태로 소거된다

순간을 앗아가는 화려함에도
일체 움직임은 어긋나지 않아

몸이 없다
음성도 없다
가장 낮은 고도에서
감탄이 차오르면
하늘은 똑같은 빛으로
한꺼번에 식고
우리들은 고개를 젖히고
눈동자에 정확히 같은 별을 심는다

어느 누구도 사라지는 장면을 볼 수 없었던
불꽃보다 조용한 절차에

파란 점이 웃는다
붉은 점이 달린다
녹색 점이 깜빡인다

아무도 부르지 않았지만
모두가 응답한 하늘

이별하는 사람은 그림자가 꼭 필요해요

바삐 걷는 이에게 그림자가 따라붙는 건
뒤에 무언가
남아야 한다는 걸 보여주라는 이유입니다

발보다 먼저 앞질러 가지 말라고
햇빛보다
먼저 등을 돌리지 말라고

말이 없는 사람에게 그림자가 생기는 건
기분을 바닥에 펴서 보여주고
감춰둔 마음까지
길게 끌고 가주기 때문입니다

이별하는 사람은 그림자가 꼭 필요해요
멀어질수록
더 길어지는 안부 하나
그게, 뒤를 돌아보게 하거든요

깻잎은 방어적

깻잎은 때로 방어적이어서
한 장을 들추면
다른 마음이 따라온다

손끝으로 집으려 하면 좀처럼 떨어지지 않고
집게로 들어 올리면 가장자리부터 움찔하는 것이

나는 가끔 무슨 말을 하려다
깻잎처럼 접힌 생각을 꺼내지 못하고
밥 위에 얹는다

사랑을 말하기엔 너무 늦었을까
이별을 말하기엔 너무 이른 걸까

깻잎을 먹을 땐 늘 한 장쯤 더 넘기게 된다
아래 숨어 있는 마음이

혹시 나 같아서

4부

해파리

이토록 유순한 투명이라니
보이지 않음은 나약한 일이 아니에요

가장 맑은 부위를 가장 깊은 곳에 두고
그걸 중심이라 불러봤지만
사실 중심 같은 건 없었죠

속을 비운 채
소리까지 지운 채
빛을 끌어올렸어요

일정한 간격으로 되돌아오는 통증을
패턴이라 부르고 나를 눕혔어요

붙잡는 건 본능이 아니에요
나는 닿고 나서야 무엇이 지나갔는지 알게 되거든요

깊이를 오래 붙들 수 없었던 날은
얕은 물결에도 실려
파도 끝에 서 있던 발목에 감겼고
선명하게 번쩍였어요

한 번 깨진 뒤에도 빛을 모으는 거울처럼

유서라고 할게요
제발 내가 사라진 걸
아무도 눈치채지 말아줘요

당신이 아주 멀리 있는 동안
몸이 이유 없이 서늘해졌다면
그건 내가
당신을 한 번 스쳐 갔기 때문이에요

햇빛은 누가 닦아주나요

자동문에 비친 얼굴이 낯설게 보이는 건
오늘 햇빛이 너무 선명해서일까요

머리카락 한 올도 날카로워 보여서
길고양이들이 더 조심스럽게 움직여요

얼룩이란 게 잘 보이려면
빛이 좋아야 하죠
속까지 밝으면
때가 어디 묻었는지 금방 알 수도 있거든요

빛이 너무 많은 날엔
눈부심을 핑계로
쓱, 눈가를 훔쳐요

그런데 이상하죠
아무리 닦아도 햇빛은 그대로인데 나는
자꾸만 흐려져요

햇빛은 누가 닦아주는 걸까요
나는 누구에게 닦이고 있었던 걸까요

기울기의 법칙

낮은 곳으로 모이는 건
비나 흙만의 습성이 아니다

무게를 견디지 못한 것들이
경사를 찾아 내려가고
한 방향을 오래 향하던 것들조차
제 안의 기울기에 따라 자세를 바꾼다

한 번 기울기 시작한 마음은 되돌아오는 법이 드물고
아무도 모르는 틈에서
조금씩 다른 방향이 돋아났다

다만 기울기의 끝이 어디인지 알 수 없어서
느리게 전진하는 균열을
가만히 바라볼 수밖에 없었다

철봉

두 손으로 매달린다는 건
한때 어른이 되고 싶었다는 뜻이에요
발끝이 땅을 스치지 않을 때
비로소 균형은 시작되죠

언제부터였을까요
포개진 흔들림을 거꾸로 넘기면
몸이 자꾸 예전의 나를 따라 흘러요
팔보다 무거운 마음이 내려앉고
심장은 운동장을 반쯤 가로질러 뛰어요

놀이터의 철봉은 매달린 사과처럼
떨어지기 위해 달려 있어요
쇠의 감촉은 입을 다문 채
자라지 못한 말들을 오래 품고 있죠

자꾸 뒤집히는 세상에서
머리는 하늘로 가고
가슴은 지면을 그리워해요

텅 빈 허공에 역방향으로 돌기

그게 우리 식의 애도였는지도 몰라요
한 번쯤 떨어지기 위해
우린 다시 올라가 봤던 거예요

철봉 아래 어지럽게 늘어진 그림자들이
무릎이 까졌던 날을 기억하고 있다면
그건 아직 떨어지지 않은 어떤 몸짓의
서툰 문장일 거예요

당신도 아직
어디선가 그 끝에 매달려 있나요
숨을 참는 동안만 보였던
낮은 하늘
짧은 자유의 반동

물고기와 나

물고기와 나는
숨을 참는 데 익숙해요

물속에서는 내가
물 밖에서는 그가 버둥거립니다

우리는 서로의 방향으로
조금씩 기울기 위해
나는 물속으로 내려앉고
그는 수면 위로 떠오르죠

닿을 수 없는 것들만
조금씩 서로를 닮아가며

비늘과 피부가 서로의 경계를 지우는 동안
그때마다 물은 깊이를 새로 정하고
물결이 끊기는 자리에서
우리는 같은 속도로 멈춰 서요
그의 눈동자에 내 얼굴이 떠 있고
내 숨결에 그의 파문이 번집니다

물고기와 나는
서로의 숨을 빌려 살아요
조금은 느리고
조금은 슬픈 방식으로

언젠가
물이 다 증발하고 나면
우리는 같은 하늘 아래서
한 번쯤 마주칠지도 모르겠습니다

로스팅

쓴 것이 먼저 드러나는 건 어쩐지 나와 닮아서
조금 더 오래 눌러둡니다
숨겨둔 산미를 도려내고
갈변의 순간을 기다려요

숨죽이고 기다리던 향이
좁은 방 안의 고요를 건드리면

한 모금의 망설임조차 태워버리고 싶을 만큼
당신의 혀끝이 닿을 자리를 상상하며
맹렬한 시간을 저어가요

속을 좀처럼 들키지 않으려
껍질을 부풀리고 균열을 내고
불룩불룩 무너지는 시간 속에서
돌아갈 수 없을 만큼 까맣게 익어가요
뜨겁게 무너지는 순간을
향기롭게 보존하는 법을 알아가요

그래요, 이제 처음보다 작아진 내가
당신 입술 가까이 옮겨질 때

눈을 감고도 알 수 있겠죠
한때 내가
얼마나 쓴 사람이었는지를

사라지는 것들에 대하여

물고기들은 밤이 되면 어디로 잠들러 가나요?
물속에 눕는 건가요, 물결을 베고 눈을 감는 건가요?

가로등 아래 하얗게 부서지는 빛의 조각들은
길이 끝나는 곳에서 다시 모래가 되나요?

창문에 이마를 대면 생기는 김 서린 자국은
언제쯤, 어떤 숨결로 완전히 지워지나요?

그리운 이름을 부르면
그 이름은 어디쯤 가닿아 다시 돌아오나요?

전철의 손잡이가 흔들리는 동안
잡히지 않은 손들은 모두 어디에 머무르나요?

누군가의 귀에 속삭였던 말들은
귀를 떠난 뒤에도 한동안 공기 속을 떠돌고 있나요?

다 쓴 연필의 심은
마지막으로 무엇을 적고 사라지나요?

구겨진 종이 속에 남아 있던 문장 하나는
다시 펴진다 해도 여전히 살아남아 있나요?
햇살이 머무르다 사라진 벽면의 온기는
다음 계절까지 기억될 수 있나요?

그리고 지금
눈꺼풀을 감기 전 떠오른 생각 하나는
잠드는 동안에도 그 자리에 머물러 있나요?

뒷모습

앞만 보고 걷다 보면 가끔 뒤가 궁금해진다

남겨둔 것들만 모여
뒷모습이 된다고 믿었다

손 흔드는 배웅에
대답하지 못한 채
발자국 아래로 스며드는
망설임

무거운 마음 하나
등 뒤에서 자꾸 끌어당긴다

그곳엔
아직 나를 부르는 그림자가 있을까

12시 00분

한 바퀴를 온전히 돌아야
분침이 시침을 스친다

그마저도 겹친다는 말은 지나치다
실은 잠깐 그렇게 보일 뿐
늘 어긋난 채 걷고 있으니까

나는 앞서가고
너는 천천히 따라오고
가끔은 내가 멈추고 너는 고요히 지나간다

만난 건
딱 맞는 시간이 아니라
닮아버린 그림자였다는 걸

정확히 12시 00분
우리의 시간을 포개놓는 시계 하나를
벽에 걸어두었다

지나가는 순간은 늘 고요해서

만나기엔 너무 조용했고
떠나기엔 너무 정확했다

줄자를 펴면 거기까지가 나예요

나를 재고 있어요
허리를
말투를
미래 계획서를
조금이라도 더 길게 보이려고
숨을 길게 당기고 발끝에 힘을 모았죠

줄자는 매끈한 얼굴로
완벽한 숫자를 보여주지만
가끔은 단위도 바뀌어요
센티미터가 아니라 점수, 연봉, 서열 같은 것으로

누가 자꾸 나를 재요
이 길이는 충분하냐고
이 마음의 둘레는 너무 넓지 않냐고

줄자를 끝까지 뽑으면
'툭' 되감기는 소리가 나고
나도 모르게 처음의 나로 되돌아가 버려요
어디까지 뽑았는지 잊은 채

이쪽으로 펼치면 기준이 있고
저쪽으로 펼치면 기대치가 있어요
나는 그 중간쯤 어디
손끝에서
머뭇거리고 있어요

지금은
나를 늘이지도 줄이지도 말고
그저 가만히 놓아두었으면 해요
줄자는 언제나
가장 안쪽에 있는 나로 돌아오는 거니까

그곳엔 아직
아무도 재지 않은 길이,
끝까지 펴면
금속처럼 날 선 탄성이
팽팽히 버티고 있습니다

무궁화꽃이 피었습니다

모두 멈춰야 했습니다
숨도
깜빡임도
가끔은 자람조차 멈춰야 했죠

뒤돌아본 술래의 눈이 심장을 겨눌 때
나는 언제나 가장 멀리 있었고
제자리에서 한 걸음도 나아가지 못했습니다

어떤 날은
움직이지 않아도
잡히는 날이 있었고
어떤 날은 달려도 다다르지 못했습니다

무궁화꽃이 피었습니다

가장 예쁜 순간에 시간이 접혔고
다음 차례의 펼침은
누구의 손에도 없었습니다

내가 움직였던 건지

움직임을 상상했기 때문인지
잘려 나간 시간은 땅에 떨어진 절망처럼
도망가지 못한 채 남았습니다

번개처럼 움직인 아이는 가장 먼저 사라졌고
벽에 붙은 그림자 같은 아이는 끝까지 남았습니다

지금도 가끔
누군가의 등이 돌아서면 움찔하고 멈춥니다

멈춤 속에서도 살아남으라는
세상의 오래된 명령이었을까요

무궁화꽃이 피었습니다

그 말이
끝나지 않기를 바랐던 날들이
있었습니다

기다림

저녁 하늘에 늦게 뜨는 별을
끝내 놓치지 않으려는 눈길이다

바람이 멎은 창가에서
아직 오지 않은 발소리를 듣는 설렘이다

한 계절을 다 건너도
피어나지 않는 꽃봉오리를 지켜보는 침묵이다

기다림은 끝내 놓아주지 못한
마음의 또 다른 이름

그래서 기다림은
보이지 않는 것을
끝까지 물어오는 안부다

얼음 조각상

세상의 부피를 잠시 가졌던 이력이라고 해두자

얼굴을 얻고
환호를 입고도
끝내 눈물로 남는 투명

한철의 광휘가 지나면
살과 심장은 제 온기를 흘려보내고
작은 웅덩이로 몸을 모은다

사라짐도 완성의 한 순간이 되는 것일까
잠시였던 것이 왜 끝내 전부였을까

가장 단단할 때
조용히 흐르는 선택을 결심하며
지나간 시간만이 유일한 자서전으로 남는다

엔딩 크레딧 이후

여운은 없다고 믿었던 자리에
자막이 올라옵니다
어둠 속에서 뒤늦게 켜진 노래
마지막 대사를 중얼대는 공기
감독도, 조명도, 심지어 막내 스태프까지 소개되지만
당신의 이름은 없습니다

다음 회차 예고는 없고
남겨진 건
의자 틈에 낀 영수증 한 장
'감자튀김 세트 - 1'
슬픔은 때때로
다 먹지 못한 감자에서 시작된다는 걸
나는 알지 못했습니다

불이 켜진 극장 안에
아직도 조용히 울고 있는 사람이 있습니다
끝났다는 걸 몰라서가 아니라
끝났다는 걸 믿기 싫어서
그냥 앉아 있는 거죠

관계가 연출이라면
우리는 왜 NG를 내지 않았을까요
테이크를 새로 찍을 기회 없이
그대로 송출되어 버린 감정은
지금 어디쯤 흘러가고 있을까요

슬픔은 정말 예상 가능한 선택인지
복선 없이도 문득 찾아올 수 있는 일상인지

계속 울고 있는 얼굴이 떠오릅니다
한 장면쯤은 지워도 될까요

결

물을 가른다면
물결은 기억을 접고 돌아갈 수 있을까

소리를 가른다면
그 안에 침묵만 남을까

몸을 가른다면
오른쪽에는 체온
왼쪽에는 불안을 담고

하루를 가른다면
빛과 그림자는 어느 쪽에 더 오래 머물까

빛을 등진다면
그림자는 나를 따라올까
나를 앞지를까

사랑을 가른다면
눈물은 어느 쪽에 더 오래 머무를까

이 모든 가름이 가능하다면

우리는 서로 마주 설 수 있을까

평생 숨을 들고 나는
조용한 입김 속에서도
물고기는 울지 않았을 것인가

마음을 등진다면
등 뒤엔 무엇이 남을까

가장 선명한 것들은 늘
가려진 경계에 머문다

시, 여미다077

파도보다 오래 흔들리는 중입니다

초판 1쇄 인쇄 2026년 1월 12일
초판 1쇄 발행 2026년 1월 26일

지은이 송현희

펴낸이 이장우
책임편집 송세아
디자인 theambitious factory
편집 제작 안소라 김소은
관리 김한다 한주연
인쇄 KUMBI PNP

펴낸곳 도서출판 꿈공장플러스
출판등록 제 406-2017-000160호
주소 서울시 성북구 보국문로 16가길 43-20 꿈공장 1층

이메일 ceo@dreambooks.kr
홈페이지 www.dreambooks.kr
인스타그램 @dreambooks.ceo

전화번호 02-6012-2734
팩스 031-624-4527

* 저자 고유의 '글맛'을 위해 맞춤법 및 표현 등은 저자의 스타일을 따릅니다.

ISBN 979-11-24181-06-5
정가 13,000원